Огни Св. Доминика
Историческая драма в четырех действиях
Ogni Sv. Dominika
Евгений Замятин
Yevgeny Zamyatin

Ogni Sv. Dominika
Copyright © JiaHu Books 2017
First Published in Great Britain in 2017 by JiaHu Books – part of
Richardson-Prachai Solutions Ltd, 434 Whaddon Way, MK3 7LB
ISBN: 978-1-78435-208-0
Conditions of sale
All rights reserved. This book or any portion thereof
may not be reproduced or used in any manner whatsoever
without the express written permission of the publisher
except for the use of brief quotations in a book review.
A CIP catalogue record for this book is available from the British
Library
Visit us at: jiahubooks.co.uk

Вступительное слово 5

Лица 9

Действие первое 11

Действие второе 25

Действие третье 36

Действие четвертое 45

Вступительное слово

В темных подземельях - тысячи юношей, девушек, старцев, под самыми мучительными пытками бесстрашно исповедующих свою веру. Обагренный человеческой кровью ослепительно желтый песок на арене цирков. По ночам - живые факелы из людей, обвитых смоляной паклей. И все-таки новые и новые толпы потрясенных красотой нового учения и идущих за него на смерть. Это - христиане. Это новое учение - христианство.

Прошло двенадцать веков. И снова - тысячи людей заперты за свою веру в темные подземелья; снова - те же самые пытки; снова дымятся человеческие факелы на кострах. И это тоже - христиане; но тогда христиан сжигали живьем - теперь сжигают живьем христиане; тогда умирали во имя Христа - теперь во имя Христа убивают; тогда христиане были жертвами - теперь они стали палачами. И имя этим палачам во имя Христово - инквизиторы.

Невозможно, неправдоподобно. Но история говорит нам, что так было. И история учит нас, что идеи - так же, как и люди, - смертны. Сперва юность - героическая, мятежная, прекрасная, полная исканий и борьбы за новое. Затем старость: идея победила, все найдено, все решено, все твердо, и с каждым днем костенеет все больше; живая идея все больше отливается в непогрешимую, не терпящую никаких сомнений - догму. И наконец, полное окостенение: смерть. Чем ближе к смерти идея, чем больше она стареет - тем с большей жадностью цепляется за жизнь, тем с большей нетерпимостью подавляет она свободу человеческой мысли, тем с большей жестокостью преследует еретиков - носителей новых, юных идей. Но идеям юным - хотя бы и целью великих жертв - всегда суждено победить, так же как идеям состарившимся - суждено умереть, какою бы жестокостью, какими бы насилиями они ни пытались удержать свою прежнюю власть над умами. И в этой вечной смене идей, в этой вечной борьбе против догмы, в не истребимом никакими казнями еретичестве - залог бесконечного прогресса человеческой мысли.

Героическая юность христианства, увенчанная пурпурными цветами мученичества, в сущности, кончилась уже в тот момент, когда христиане вышли из своих подземелий, из своих катакомб на широкий путь государственной религии: в тот момент, когда на престоле римских императоров появились христиане. Но в течение всех первых девяти веков своего существования христианство, в борьбе против иных религиозных идей и в борьбе против еретичества, не прибегало к грубой силе: идея христианства еще сохраняла следы былой красоты и силы этой красоты еще было достаточно для победы над идейными противниками. В третьем веке один из столпов христианства, Тертулиан, писал: "Навязывать религию - дело совершенно противоречащее религии"; позже другой христианский философ, Лактанций, говорил: "Никого не следует принуждать силою оставаться в лоне церкви".

С одиннадцатого века христианство начинает быстро стареть, все резче обнаруживаются в нем эти явные признаки старческого окостенения: вера в абсолютную непогрешимость своих догм, боязнь свободной мысли и стремление пользоваться в борьбе уже не силою проповеди, а силой оружия, силой тюрем и казней. Особенно сильно все это сказалось в христианстве западном, в католичестве. В тринадцатом веке Фома Аквинский, один из величайших католических философов и святых, уже совершенно ясно высказывался за то, что нераскаянных еретиков следует изъять из христианского общества, предавая их смерти. Фома Аквинский только окончательно укрепил философский фундамент для этой душной тюрьмы церковного террора, в которую - на несколько веков - была загнана большая часть Западной

Европы.

Этот террор, конечно, именовал себя Священным Террором и свой суд - Священным Трибуналом. Все учреждения по розыску и преследованию еретиков, монахи - следователи и судьи, целая рать шпионов, вооруженной стражи, палачей, - все это воинство составляло так называемую Инквизицию. И едва ли в средние века была какая-нибудь другая власть более могущественная и страшная, чем власть Инквизиции. Короли, и князья, и рыцари - так же склонялись перед волей инквизиторов, как и простые смертные. Все гражданские власти обязаны были беспрекословно исполнять все распоряжения инквизиторов и содействовать им. В выдаваемых инквизиторам папских грамотах говорилось, что все архиепископы, епископы и священники католической церкви должны повиноваться Инквизиции. Миряне величали инквизиторов "Ваше монашеское величество" - и в самом деле эти монахи были некоронованными повелителями средневековья. Большая часть инквизиторов принадлежала к монашеской общине доминиканцев, основанной св. Домиником; святой Доминик поэтому считался покровителем Инквизиции, а костры, на которых сжигали еретиков, часто назывались "огнями св. Доминика".

Впервые с огнем и мечом против свободной, еретической мысли Инквизиция выступила в первой половине тринадцатого века в Южной Франции. Здесь было тогда самостоятельное Тулузское графство - с богатыми городами Тулуза, Альби, Каркассон и другими. Под южным солнцем, на плодородной земле - здесь жилось хорошо и свободно, насколько вообще могла быть свобода при феодальном строе. Здесь мирно обитали рядом католики и еретики - альбигойцы, названные так по имени города Альби. Альбигойство представляло собою смесь из принципов христианства первых веков с элементами восточных учений, Зороастры и Манеса; это была одна из первых попыток разрушить окостеневшую католическую догму и рационализировать христианство. Дряхлеющее католичество, уверенное в своей непогрешимости, решило силою оружия и костров загнать непокорных еретиков в свой рай.

Лица

ГРАФ КРИСТОБАЛ ДЕ-САНТА-КРУС.
БАЛТАСАР - его сын.
РОДРИГО (РЮИ) - его сын.
ИНЕСА - невеста Рюи.
ДИЭГО - мажордом.
ФРА-СЕБАСТЬЯНО - поэт.
ДАМА (СЕНЬОРА САН-ВИСЕНТЕ).
ГОНСАЛЕС ДЕ-МУНЕБРАГА - инквизитор.
НОТАРИУС.
ФРА-ПЕДРО, ФРА-НУНЬО -- доминиканцы.
СЕКРЕТАРЬ инквизиции.
ПЕРВЫЙ МАСТЕР инквизиции.
ВТОРОЙ МАСТЕР.
ЖЕЛТЫЙ ГОРОЖАНИН С ЖЕНОЙ.
РУМЯНЫЙ ГОРОЖАНИН С ЖЕНОЙ.
ПЕРВЫЙ ГРАНД.
ВТОРОЙ ГРАНД.
КОРОЛЬ Филипп II. КАБАЛЬЕРО и ДАМЫ. АЛГУАСИЛЫ.
СЛУЖИТЕЛИ инквизиции. ЕРЕТИКИ. МОНАХИ. НАРОД.

Место действия - Севилья.

Время - вторая половина 16-го века.

Действие первое

Внутренний двор в доме Санта-Крус. Справа и слева - стены дома; узкие, глубокие ниши окон, все в плюще. На заднем плане высокая каменная ограда с зубцами; над зубцами полоса черно-синего неба, звезды. Тяжелая, обитая железом, дверь на улицу, на двери герб: крест из двух мечей, на конце одного меча сердце. Возле рампы, справа и слева - две винтовых лестницы внутрь дома; истертые каменные ступени. Недалеко от одной из лестниц - столик с книгами и принадлежностями для письма. Посередине двора - обеденный стол. ДИЭГО расставляет блюда, бутылки, вазы с фруктами.

ДОН-КРИСТОБАЛ *(берет одну за другой бутылки и смотрит на свет).* А где же малага? Ай, Диэго, за эти три года ты уже успел забыть, что Рюи больше всего любит малагу. Ну, чего же стоишь и сияешь, как медный таз Алонсо-цирюльника? Рад, старик, что Рюи вернулся, а? Впрочем, я и сам, должно быть, как медный таз... Три года! Ты бы сбегал наверх, Диэго: может быть, Рюи уже пришел из собора?

ДИЭГО. Из собора? Да он туда и не ходил.

КРИСТОБАЛ. Как, разве? А я думал - он вместе с Балтасаром и Инесой...

ДИЭГО. Нет, сеньор, Рюи сказал дон-Балтасару, что он устал с дороги. Должен заметить, сеньор, что я это не одобрил: пожалуй, еще кто-нибудь скажет, что наш Рюи набрался разных мыслей в этих самых Нидерландах.

КРИСТОБАЛ. Ну, хотел бы я посмотреть, кто осмелится что-нибудь этакое сказать об одном из Санта-

Крусов. *(Помолчав.)* Нет, а какой он стал: совсем мужчина! Ты приметил, Диэго, как он вошел: голову назад, взглянул вот так... А говорит... как говорит! Нет, в нидерландских университетах учат хорошо. Я не жалею, что послал его туда.

ДИЭГО. А я, должен заметить, сеньор, не одобряю. Там, говорят, еретиков, что орехов в Барселоне. А у неверных, конечно, и наука неверная. Вот уж у нас в Испании, если дважды два, так спокойно можешь сказать, что это - с благословения святой церкви - четыре. Взять, например, вашего старшего, дон-Балтасара...

РЮИ *(медленно спускается по лестнице справа, в руках у него книга, читает на ходу. Спохватился, закрыл книгу, входит).* Как хорошо! Вино, а не воздух: пьешь, и хочется все больше... А где Инеса?

КРИСТОБАЛ. А-а, мальчик, вот чем ты пьян? Инеса? Рыцарь Санта-Крус, и сдался в плен... Кому же? Девочке! И не стыдно?

РЮИ. Сеньор отец...

КРИСТОБАЛ. Ну-ну, Рюи, я шучу. Когда-то - так давно и так недавно - я ведь и сам был такой, как ты, и я помню... Что это у тебя за книжка?

РЮИ *(смущенно).* Это... это так. *(Прячет книгу за спину.)* Это...

Громкий, отчетливый стук в дверь. РЮИ поспешно засовывает книгу под плющ, в оконной нише. ДИЭГО открывает дверь. Входит БАЛТАСАР.

БАЛТАСАР. Не запирай, Диэго: там Инеса и гости. *(Идет к Рюи.)* Ну, Рюи, дай обнять тебя еще раз. Я так торопился в собор - не успел даже разглядеть тебя. Да, теперь у тебя в глазах как будто... Нет, не знаю... А это... Погоди-ка, ведь это на щеке у тебя тот самый шрам! Помнишь тот наш детский турнир из-за Инесы? И еще ты боялся, что след у тебя останется на всю жизнь? Неужели...

РЮИ. Да, Балтасар, это на мне твоя печать. Так и умру с ней.
КРИСТОБАЛ *(смотрит на сыновей, мигает).* Ну вот - оба теперь... Ну, давайте же... *(Наливает бокалы - вытирает глаза.)* Пыль - с улицы: дверь открыта...

Входит ИНЕСА. РЮИ к ней навстречу с бокалом. Становится на одно колено, целует у нее руку и подает ей бокал.

РЮИ. Инеса, вам бокал - и... я просто боюсь - я расплескаюсь, перельюсь через край, так полно!
КРИСТОБАЛ. Инеса... Рюи... Пошли вам счастья святая дева. И ты будь счастлив, Балтасар!

БАЛТАСАР берет свой бокал, смотрит на ИНЕСУ, на РЮИ - ставит свой бокал обратно на стол. Входят ГОСТИ. Впереди ФРА-СЕБАСТЬЯНО говорит кому-то, оборачиваясь назад.

ФРА-СЕБАСТЬЯНО. Нет, ведь это просто ужас! Говорят, все монахи из Сан-Изодоро - тоже... И вот, по ночам все эти отступники от веры...
ГОСТЬ. Ну, фра-Себастьяно, вы поэт, а поэты склонны... как бы это сказать...
ФРА-СЕБАСТЬЯНО. Нет, нет, уверяю вас, мне говорил сам инквизитор де-Мунебрага...

КРИСТОБАЛ и БАЛТАСАР идут навстречу Гостям. ИНЕСА и РЮИ - в стороне, меняются незаметно бокалами и пьют, не отрывая глаз друг от друга. Слышны смешанные восклицания Гостей.

ГОСТИ. Позвольте и мне, дон-Кристобал... - Нет, нет, фра-Себастьяно, тут какая-то ошибка... - Теперь, дон-Кристобал, вы можете спокойно...
ПЕРВЫЙ ГРАНД *(второму - глядя на Инесу и*

Рюи). Смотрите: сейчас во всем мире их только двое. Никого нет: только их двое.

ВТОРОЙ ГРАНД. Никого нет? Сеньор, вы, по обыкновению, говорите так, что я... *(Проходят.)*

РЮИ *(Инесе).* А наше Эльдорадо: вы помните, Инеса? В башне, когда смеркалось, камни начинали шевелиться - и я спасал вас от великанов. И вот теперь бы мне каких-нибудь эльдорадских великанов, что-нибудь самое трудное для вас...

ТОЛСТЫЙ СЕНЬОР *(подходит).* Чтоб не забыть: не скажете ли вы мне, дон-Родриго, чем они там откармливают свиней? У них ведь - свиньи лучшие в мире.

ГОСТИ *(подходят).* Да, да - расскажите, расскажите нам что-нибудь!

РЮИ. Свиньи? Сеньор, я крайне сожалею, но я был занят более... более необходимым: я изучал метафизику.

ТОЛСТЫЙ СЕНЬОР. Более необходимым? Что значит молодость!

КРИСТОБАЛ *(подходит).* А где же дон-Фернандо? Странно: он так хотел видеть Рюи - и он всегда точен, как часы. Не заболел ли? Ну что ж, я думаю, мы не будем его ждать? Прошу, сеньоры. Инеса, ты мне поможешь?

Вместе с ИНЕСОЙ и частью Гостей идет к столу.

РЮИ *(взял со стола какую-то книгу, раскрыл).* Нет, вы только посмотрите! *(Смеется. Идет к большому столу, где гости, и читает.)* "О том, что есть торговля, и об искусстве тончайшем очарования покупателя. Посвящается императрице неба матери вечного слова, чистейшей деве Марии". Нет, это великолепно! *(Смеется.)*

БАЛТАСАР *(сурово).* Перестань, Рюи. Что тут смешного?

РЮИ. Нет, Балтасар, ты только... О торговле - деве Марии... Нет, не могу!

КРИСТОБАЛ *(с добродушной усмешкой).* Ты, Рюи, не шути с ним: ведь он у нас - ревнитель веры. Три месяца уже, как он стал el santo.

РЮИ. El santo?

КРИСТОБАЛ. Ну да. Бедный мальчик! Чему же там вас учили в Нидерландах? Ты не понимаешь?

РЮИ. Нет, сеньор отец, прошу вас извинить меня, но право же...

КРИСТОБАЛ. Я помню - это было очень торжественно, после мессы, собор полон рыцарей и дам. Вас было десять: не так ли, Балтасар? И каждому из десяти сеньор де-Мунебрага, инквизитор севильский, вручил вот этот белый знак. *(Показывает на грудь Балтасара.)* Тишина в соборе такая, что слышно было, как шуршали шелковые складки фиолетовой одежды де-Мунебраги. И в тишине каждый из десяти поклялся перед алтарем - бороться с еретиками, поклялся забыть, согласно заветам Христа, об отце, о матери, о братьях, и кто бы ни были еретики - всех предавать в распоряжение Святейшей Инквизиции. Обет тяжелый, но Санта-Крусы всегда в первых рядах сражались против врагов церкви - против турок, мавров и против...

РЮИ. Прошу прощения, сеньор отец. Но с маврами - Санта-Крусы, насколько знаю, сражались мечом, а не доносами. Я ушам не верю: испанский рыцарь - пойдет с доносом в инквизицию! И об этом так, вслух...

БАЛТАСАР *(с шумом отодвигает кресло, берется за шпагу).* Рюи, у тебя на щеке еще цел след от моей рапиры, и если ты...

КРИСТОБАЛ *(хватает его за руку).* Тише, тише. Вспомни, Балтасар, что Рюи уже три года не был в Испании и потому...

БАЛТАСАР. Там три года или не три года... Но должен же он понять, что служба инквизиции - это служба церкви, и потому это честь для каждого из нас! *(Кулаком по столу.)* Неужели же не ясно, что убийство, ложь - все, что угодно, ради церкви - благородней, чем благороднейший из подвигов ради сатаны и его слуг - еретиков?

ТОЛСТЫЙ СЕНЬОР *(сидел рядом с Рюи - теперь*

предусмотрительно отошел в сторону вместе с женой). Браво, браво, дон-Балтасар! *(Жене тихо.)* Как он неосторожен - этот Рюи. Что значит молодость!

БАЛТАСАР *(садится. Спокойнее).* Неужели же тебе не ясно, Рюи, что было бы жестокостью предоставить еретикам идти их пагубным путем? Разве не милосерднее спасти их?

РЮИ. Насильно? Тюрьмой? Костром?

БАЛТАСАР *(опять вскакивает. Вызывающе).* Да! Да! А разве Бог не посылал казни на избранный народ? Разве не Бог приказал Моисею истребить смертью четыреста поклонников Ваала? Разве не ясно, что генеральный инквизитор - вовсе не Мунебрага, а сам Господь? И мы, воины инквизиции, в руках его - как благородный, беспощадный меч Тисон в руках Сида Кампеадора...

ГОСТИ. Браво! Браво!

ФРА-СЕБАСТЬЯНО *(встает).* Сеньоры, кстати о Сиде: если разрешите, я прочту свою новую поэму, посвященную его преподобию, сеньору Мунебраге. Там как раз...

ГОСТИ. Просим! Просим!

БАЛТАСАР. Нет, позвольте. Я хочу, чтобы Рюи ответил мне прямо на вопрос: считает ли он, что католическая церковь...

За стеной на улице слышен топот бегущих и неясные крики погони. БАЛТАСАР сбивается.

...Что церковь...

ФРА-СЕБАСТЬЯНО *(стоит с листком в руках).* Сеньоры...

ТОЛСТЫЙ СЕНЬОР *(возле него теперь еще несколько Гостей).* Ого! Этот турнир между братьями становится серьезным!

Крики за стеной ближе. Слышно: "Держи! Где же она? Сюда!"

ГОСТИ. Что там? - Что случилось? - Слышите? *(Вскакивают.)*

КРИСТОБАЛ. Посмотри, Диэго.

ДИЭГО выходит на улицу. Крики затихают вдали. ДИЭГО возвращается.

Ну? Кто же это сейчас там был на улице?
ДИЭГО. Только один человек, сеньор.
КРИСТОБАЛ. Кто же?
ДИЭГО. Я, сеньор.
КРИСТОБАЛ. Ну, ты уж... *(Отчаянно машет рукой.)* Хорошо, иди.
ФРА-СЕБАСТЬЯНО. Итак, сеньоры...
ГОСТИ. Да, да, фра-Себастьяно! - Конечно! - Мы ждем!
ФРА-СЕБАСТЬЯНО *(читает).*
Гремите, трубы и литавры;
Хвалите Бога, стар и млад:
Покорны были Сиду мавры --
Покорен Мунебраге ад.
Как Сидов меч, Тисон могучий,
У Мунебраги - крест Христов:
Взмахнет - все выше, выше, круче --
Горой тела еретиков.
Как под Валенсией у Сида,
Уж руки...

Тихий стук в дверь.

(Сердито оглядывается и продолжает громче).
Уж руки по локоть в крови:
Господь его благослови --
Де-Мунебрагу...

Снова слышен стук.

РЮИ. Простите, фра-Себастьяно. Но там стучат. Быть может, это, наконец, дон-Фернандо...

Идет к двери, открывает. Входит ДАМА. Прислонившись к стенке, смотрит на всех широко раскрытыми глазами, молча.

ДАМА *(к Рюи).* Закройте... Ради святой девы - скорей, скорей...

КРИСТОБАЛ. Как - вы? Одна? А что же дон-Фернандо? Но что с вами?

ДАМА *(тихо).* Дон-Фернандо взяли.

КРИСТОБАЛ. Дон-Фернандо? О, нет! Что вы, что вы!

ДАМА *(сперва тихо, потом громче, возбужденней).* Они окружили весь дом, они заняли все входы... Во всех комнатах, все книги, письма... Они схватили дон-Фернандо - у него свалилась шляпа, он наступил на шляпу... и его повели неизвестно куда... Нет, хуже: известно! Святая дева - они сказали: в этот проклятый замок инквизиции, в Триану, в тюрьму...

БАЛТАСАР *(еле сдерживаясь).* В Святой Дом. Это называется - Святой Дом, позвольте вам сказать, сеньора. Это Святой Дом, а не тюрьма. Благодарите Бога и мадонну, что есть люди, которые...

ДАМА *(не слушая).* Они рыщут по всему городу. Они оцепили целые улицы. Они повсюду. Гнались за мною. Я видела: ведут мужчин и женщин. В замке инквизиции все окна освещены. Они замучают, они сожгут его! Дон-Кристобал, скажите - дон-Кристобал, что мне делать, что, что?

КРИСТОБАЛ *(дрожащими руками наливает ей вина).* Вот, выпейте. Я думаю, все это ошибка. И завтра же... Нет, дон-Фернандо... Это смешно! Балтасар, ведь ты же знаешь его. Ты знаешь!

БАЛТАСАР *(угрюмо).* Да, знаю. И знаю, что однажды он дал приют еретику, которого разыскивал Святейший Трибунал.

ДАМА *(делая движение к Балтасару).* Да, да, дон-Балтасар, вот вы понимаете: он был такой добрый... Святая дева!

Почему я говорю "был"? О, он шел без шляпы - один, а сзади, и спереди, и с боков, - они. А он один...

Ее окружают Гости и Гостьи. Все встали из-за стола. У лестницы справа - ТОЛСТЫЙ СЕНЬОР и группа других поглядывают на происходящее издали и сперва перешептываются, а потом - громко.

ТОЛСТЫЙ СЕНЬОР. Я вам говорю, сеньоры, берите шляпы и домой. Я вам говорю: в этом доме пахнет огнем.

ТОЛСТАЯ СЕНЬОРА *(радостно).* Нет, вы обратите внимание, как бледен дон-Родриго. Уж поверьте: тут что-то...

Прощаются с ДОН-КРИСТОБАЛОМ, уходят, за ними другие Гости. Дама остается; возле нее КРИСТОБАЛ, ДИЭГО, БАЛТАСАР; ИНЕСА и РЮИ в стороне - возле ниши, где Рюи спрятал книгу.

ИНЕСА. Мой милый Рюи, что с вами? Вы смотрите на меня так, как будто я из стекла. Вы - совсем другой.

РЮИ. Разве? Мне кажется... я... Мне неприятно, что этот вечер, такой радостный, - был омрачен... В этом я вижу дурной знак.

ИНЕСА. А я ничего на свете не вижу, кроме... *(Пристально смотрит на Рюи.)* Рюи, вы что-то скрываете от меня.

РЮИ *(неохотно).* Ну... если хотите, дон-Фернандо - был мой друг. И может быть - даже больше... *(После паузы, решительно.)* Инеса, что бы вы сказали, если б я...

ИНЕСА. Что - вы?

РЮИ. После. Здесь Балтасар...

ДИЭГО, поддерживая, уводит ДАМУ внутрь дома по лестнице налево. ДОН-КРИСТОБАЛ и БАЛТАСАР - сзади.

КРИСТОБАЛ. Но, Балтасар, подумай: куда же она пойдет, ночью, одна? Ведь это же...

БАЛТАСАР. Сеньор отец, я повторяю: она скрылась от служителей Святого Трибунала. Вы можете принудить меня к тому, чего я не хотел бы... И я настаиваю...

КРИСТОБАЛ. Что? Довольно! Или я уж не хозяин в этом доме? *(Уходит по лестнице налево.)*

БАЛТАСАР *(вслед ему)*. Сеньор отец, предупреждаю, что я должен... Сеньор отец!

Некоторое время БАЛТАСАР стоит нахмурившись, глядя вслед ушедшему КРИСТОБАЛУ, потом идет к нише направо, где ИНЕСА и РЮИ. Рюи, не глядя на Балтасара, быстро поворачивается и уходит по лестнице в дом.

Ушел, не хочет... Инеса!

ИНЕСА молчит.

Инеса, если бы вы знали, как мне трудно сейчас... Понимаете: часы. Хотят или не хотят - но они неизбежно должны пробить двенадцать. Должны! Инеса! *(Осторожно берет ее за руку.)* Если бы вы когда-нибудь... я не говорю сейчас - но, может быть, когда-нибудь... Если бы вы согласились разделить со мною...

ИНЕСА *(вырывает руку и прячет ее за спину. Нащупала книгу, спрятанную Рюи, вытащила ее и перелистывает, чтобы не смотреть на Балтасара)*. Я очень сожалею, дон-Балтасар, но если бы вы оставили меня одну, мне было бы приятнее. Вы, кажется, снова начинаете о том, о чем мы уже столько раз говорили.

БАЛТАСАР. В последний раз - больше никогда. Скажите мне в последний раз...

Снова касается ее руки. ИНЕСА роняет книгу, БАЛТАСАР ее поднимает.

ИНЕСА *(встает)*. Если вы не перестанете, дон-Балтасар, я сейчас же уйду.

БАЛТАСАР *(некоторое время молчит, глядя в книгу. Резко).* Чья книга? Ваша? *(Протягивает Инесе.)*
ИНЕСА *(встает).* Вам это так интересно? Нет, не моя. *(Открывает книгу.)* Здесь пометки. Как будто почерк Рюи. Ну да, конечно же, его...
БАЛТАСАР *(в ужасе).* Рюи? Вы говорите, что это... это его, Рюи?

ИНЕСА изумленно поднимает голову. Входит РЮИ. Увидел раскрытую книгу в руках Инесы - и как споткнулся: стоит, не отрывая глаз от книги. За стеной голоса, шаги, звон оружия.

ИНЕСА *(к Рюи).* Опять они: слышите? Весь город полон ими... Что за ужасная ночь!
БАЛТАСАР. Да, это... Я должен... *(Делает два-три шага к двери на улицу, останавливается, возвращается обратно. Секунду стоит возле окна; проводит по лицу рукой - раз и еще раз.)*
ИНЕСА *(прислушиваясь).* Прошли.
БАЛТАСАР *(очнувшись).* Мне надо... Я скоро вернусь - сейчас... Ты за мной закроешь? *(Подходит к Рюи, кладет ему руки на плечи, опускает глаза.)* Прощай, Рюи! *(Целует его.)* Спокойной ночи, донья Инеса! *(Уходит на улицу.)*
РЮИ *(поспешно закрывает дверь и бросается к Инесе).* Он видел? Раскрывал ее? *(Крепко стиснул руку Инесы).*
ИНЕСА. Что? Я не понимаю... Пустите же, Рюи, мне больно!
РЮИ. Он видел? Он видел, что это за книга?
ИНЕСА. Пустите же! Я не знаю... Я уронила... Он спросил, чья книга... Пустите!
РЮИ. Он видел!
ИНЕСА. Рюи, ради святой девы - что все это значит?
РЮИ. Что значит? Это значит, что вы, сами того не подозревая, подожгли фитиль у бочки с порохом - и через час, через минуту, я не знаю, когда - все взлетит на воздух...
ИНЕСА. Но что же, что я сделала? Вы меня пугаете.

РЮИ. Разве вы не видите: это Новый Завет по-кастильски, это сделанный Жуаном Перецом перевод с латинского...

ИНЕСА. Не понимаю. Если это Новый Завет - если это Евангелие...

РЮИ. Дитя! Вы не знаете, что для них - для Балтасара - это ересь? Что это то самое Евангелие, какое читал дон-Фернандо, и десятки, и сотни других, кого сегодня ночью...

ИНЕСА. Рюи, вы - вы! - тоже... Как дон-Фернандо...

РЮИ. Да, я - тоже.

ИНЕСА *(после паузы, тихо).* Но неужели вы можете думать, что Балтасар... *(Громче.)* Но это же нелепо! Вы не знаете, как он... Когда вы были в Нидерландах, один - кто, я не скажу - нехорошо отзывался о вас при Балтасаре. И Балтасар вызвал его на поединок, был ранен... Нет же, Рюи, это невозможно, чтобы Балтасар, - я знаю.

РЮИ. Я тоже знаю: одной и той же рукой - он может убить из-за меня и может убить меня...

Слышно: в городе медленно бьют башенные часы.

ИНЕСА. Постойте. Он что-то говорил о часах... Не помню. У меня все путается в голове. Какой-то сон... И эта книга, и то, что вы отреклись от Христа и Мадонны, и то, что Балтасар может...

РЮИ *(перебивая горячо).* Инеса, я не отрекся от Христа: я только полюбил его - и возненавидел тех, кто снова распинает его, кто заставляет его быть предателем, Иудой. Тюрьмы, казни во имя Христа! Инеса, вы только представьте: Христос - сейчас там, на улицах. Неужели вам не ясно, что...

Обрывает. За стеной снова шаги. Остановились.

Тише, там, кажется, кто-то...

Громкий троекратный стук в дверь.

ИНЕСА. Рюи...
РЮИ *(прижимая к себе Инесу)*. Ничего, ничего, Инеса. Это только... Это... Кто там?
БАЛТАСАР *(за дверью)*. Это я. Откройте...
ИНЕСА. Но там - там еще какие-то голоса... Рюи, я дрожу вся, Рюи...
РЮИ. Нет, нет, это вам показалось. Это Балтасар. Диэго сейчас откроет. Пойдемте.
ИНЕСА. Я не... не могу...

РЮИ бросает книгу в нишу, подхватывает ИНЕСУ обеими руками и уносит по лестнице направо. Снова стук в дверь, нетерпеливые голоса.

ДИЭГО *(застегиваясь на ходу, бежит к двери)*. Кого вам надо?
БАЛТАСАР *(за дверью)*. Это я. Открой, Диэго!

ДИЭГО открывает. Входит ДОМИНИКАНЕЦ, откидывая капюшон. Рядом с ним БАЛТАСАР. Отряд АЛГУАСИЛОВ инквизиции.

ДИЭГО *(всплескивая руками)*. Сеньор Иисус!
БАЛТАСАР *(большими шагами идет к нише, берет оттуда книгу, подает ее доминиканцу)*. Вот эта книга!
ДОМИНИКАНЕЦ. Подумайте! За эту ночь я вижу уж чуть ли не десятую. Весь город засеян семенами дьявола, и я полагаю... Позвольте, позвольте, куда же вы?

БАЛТАСАР, не слушая, быстро выходит на улицу. Весь дом проснулся. Мелькают огни. Открываются окна, высовываются и прячутся чьи-то головы. По лестнице слева спускается КРИСТОБАЛ.

КРИСТОБАЛ *(доминиканцу)*. Что вам здесь надо? Вы ошиблись, отец мой. Это - мой дом, дом графов Санта-Крус.
ДОМИНИКАНЕЦ. Сеньор, простите. Но вот приказ святого

трибунала. Вы видите печать: меч, ветвь оливы и собака с пылающей головней. И вот девиз: справедливость и милосердие.

Часть АЛГУАСИЛОВ уходит в дом по лестнице налево.

КРИСТОБАЛ *(руки у него дрожат)*. Я... я... не могу. Здесь неясно.

ДОМИНИКАНЕЦ *(насмешливо)*. Возможно. Ведь имя вписано сию минуту, на улице под фонарем. Но оно вам знакомо.

КРИСТОБАЛ *(поднимает бумагу к свету - и садится, согнувшись, постарев сразу)*. Как? Мой сын? Рюи?

ДОМИНИКАНЕЦ. Да, сеньор Родриго де-Санта-Крус. И супруга еретика Фернандо Сан-Висенте.

На лестнице справа - показывается РЮИ; останавливается на последних ступеньках.

Кристобал *(растерянно)*. Но... он... ведь только приехал сегодня утром... Только приехал, понимаете? *(С отчаянием.)* Я хочу сказать: его здесь нет - нет!

РЮИ *(выходит)*. Я здесь. Я - Родриго Санта-Крус.

КРИСТОБАЛ *(встает, выпрямившись, смотрит на Рюи. Гордо)*. Да, это он.

По лестнице слева АЛГУАСИЛЫ ведут вниз ДАМУ.

Занавес

Действие второе

Низкая, глухая комната в замке Триана. Сводчатый потолок. Узкое окно с решеткой; створки с цветными стеклами открыты внутрь, на стеклах играет солнечный луч. На одной стене - две задернутые черные занавески; за ними, вероятно, двери или ниши. Возле другой стены - покрытый черным бархатом стол и четыре кресла. Перед столом скамья подсудимых: на выкрашенных в черное деревянных крестовинах - положен треугольный брусок, острым ребром кверху. Отдельный столик для Секретаря инквизиции. Под окошком стоят два МАСТЕРА, в длинных, черных одеждах, с капюшонами, закрывающими голову и лицо; в капюшонах прорезы для глаз, рта и носа.

ПЕРВЫЙ МАСТЕР *(фыркает).*
ВТОРОЙ МАСТЕР. Ты чего?

ПЕРВЫЙ МАСТЕР. Да уж очень смешно. Вчера-то, помнишь? Раздели ее, стали к доске прикручивать, а из грудей молоко как брызнет! Прямо мне на руку! Теплое!.. *(Помолчав.)* Младенец, должно быть, дома у ней...

Второй мастер молчит.

Ты что молчишь, нос повесил?
ВТОРОЙ МАСТЕР. Девочка у меня заболела. Младшая.
ПЕРВЫЙ МАСТЕР. А, это которая - палец тряпкой завязан? Еще я ей куклу на тряпке...
ВТОРОЙ МАСТЕР. Ну вот - теперь у ней всю руку раздуло. Кричит, просто сердце переворачивается. Скорей бы домой.
ПЕРВЫЙ МАСТЕР. Попадешь тут домой! Дадут тебе какую-нибудь упрямую лютеранскую собаку...
ВТОРОЙ МАСТЕР *(со злостью).* Ну, у меня нынче живо... Так завинчу...
ПЕРВЫЙ МАСТЕР. Тише! Идут...

Входит МУНЕБРАГА с НОТАРИУСОМ, за ними два ДОМИНИКАНЦА и сзади всех СЕКРЕТАРЬ с бумагами и СЛУЖИТЕЛЬ. МУНЕБРАГА - румяный, с ямочками на щеках; доминиканцы - два желтых черепа с венками седых волос. НОТАРИУС на каждом шагу приклaняется и все время идет на полшага сзади Мунебраги.

НОТАРИУС. Ваше преподобие, изволили вы...

МУНЕБРАГА *(Мастерам)*. Можете пока идти к себе. *(Служителю.)* Там есть кто-нибудь наверху в приемной?

СЛУЖИТЕЛЬ. Сеньор Балтасар. Хочет вас видеть, ваше преподобие.

МУНЕБРАГА. А-а, это кстати. Веди его сюда! *(Нотариусу.)* Вы что-то спрашивали, сеньор Нотариус?

НОТАРИУС. Я хотел узнать: изволили ли вы, ваше преподобие, читать поэму, написанную фра-Себастьяно? Как метко: сверкающий огнем меч Тисон - именно огнем, заметьте. И ваше преподобие - в виде доблестного Сида.

МУНЕБРАГА. Да, это, конечно, не Петрарка. Но... *(вытаскивает из кармана изюм, кладет его в рот)*... зато в авторе - бескорыстная преданность церкви, что делает его ценней Петрарки... Ах, кстати: позвольте, фра-Педро, поблагодарить вас за скворца. Вы прямо чудеса делаете со своими птицами! Понимаете, сеньор Нотариус: скворец - насвистывает Te - Deum.

НОТАРИУС. Te - Deum! Так мудро использовать естественное стремление птицы петь! Te - Deum! Как бы я хотел послушать Te - Deum! Как бы я хотел послушать...

МУНЕБРАГА. За чем же дело? Вот кончим, приходите завтракать ко мне. *(Зажмуривается.)* А каких мы вчера ели омаров! Мы получаем их из Англии, с Святого Острова. Да, уж этот остров подлинно взыскан благоволением божиим.

СЕКРЕТАРЬ *(подносит для подписи)*. Приговор, ваше преподобие. Костер.

МУНЕБРАГА *(не глядя, подписывает. Продолжает).* Слегка поджарены, с соусом из взбитых яиц и с красным канделедским перцем... Пальчики оближешь! И к этому вино - из рейнских лоз. Да, еретики в Германии умеют делать вино, что говорить!

НОТАРИУС *(с поклоном и многозначительной улыбкой).* И еретики на что-нибудь полезны, как все созданное Господом.

МУНЕБРАГА. Ах, я все забываю спросить вас. Старик дон-Кристобал...

НОТАРИУС. Разве я не докладывал вашему преподобию? Он поторопился отправиться в чистилище - чтобы заблаговременно приготовить там апартаменты для сына. Он этого мальчика, кажется, очень любил.

МУНЕБРАГА. Да, знаю, знаю, я не о том. Сколько он оставил? Вам, сеньор, это, я думаю, известно.

НОТАРИУС. Около двадцати тысяч дукатов, ваше преподобие. И, стало быть, после конфискации его имущества...

Входит БАЛТАСАР. МУНЕБРАГА встает ему навстречу.

МУНЕБРАГА. Хвала и честь вам, дон-Балтасар. Я вас с тех пор не видел и еще не имел случая сказать вам, как меня глубоко тронул ваш подвиг. Вы подлинно достойны имени Санта-Крус: вы мужественно стали на защиту святого креста и церкви, вы не пощадили даже...

БАЛТАСАР. Ваше преподобие, простите, я пришел справиться о нем - о Рюи... о дон-Родриго, моем несчастном брате.

МУНЕБРАГА. Не могу скрыть от вас: у нас есть опасение, что нам не удастся вырвать его душу из когтей сатаны. Он тверд, как железо. Одна надежда, что и железо делается мягким на огне. Сегодня мы допросим его в третий раз - и если он будет все так же упрям - как ни прискорбно, придется прибегнуть к инструментам...

БАЛТАСАР *(вскакивает).* Ваше преподобие! Вы хотите... вы хотите его, Рюи... *(Замолкает.)*
МУНЕБРАГА *(с усмешкой).* Вы хотели что-то сказать, дон-Балтасар?
БАЛТАСАР *(снова опускается в кресло. Устало).* Нет. Ничего.
МУНЕБРАГА. Нет? Тогда позвольте мне сказать вам - или, вернее, доказать - как я ценю вас. Я хочу, чтобы вы были спокойны, и предоставлю вам самому возможность судить, насколько мы будем правы, если отведем его туда... *(Показывает на ту дверь за занавесью, в которую ушли Мастера.)* Вы сами услышите, как он говорит и что. Прошу вас сюда, сеньор.

Открывает одну из занавесей в передней стене: за занавесью кресло в нише. БАЛТАСАР по-прежнему сидит возле стола, согнувшись.

Ну, что же?

БАЛТАСАР медленно, тяжело идет, садится в нише. МУНЕБРАГА задергивает занавес, подходит к столу, звонит. Входит СЛУЖИТЕЛЬ.

Сороковой номер здесь?
СЛУЖИТЕЛЬ. С утра здесь, ваше преподобие.
МУНЕБРАГА. Сюда его. *(Садится на место, вынимает из кармана и жует.)*
НОТАРИУС *(тихо).* Вы не опасаетесь, ваше преподобие, какого-нибудь... недоразумения? *(Кивает головой в сторону ниши.)*
МУНЕБРАГА. Недоразумения? Наоборот - я жду большего разумения того, насколько мы следуем нашему священному девизу: справедливость и милосердие. *(Предлагает Нотариусу изюм.)* Угодно? Это синий, из Малаги. Если у вас желудок не в порядке, если вас крепит - так это прекрасное средство!

Служитель вводит РЮИ. РЮИ босой, в арестантской одежде.

Сын мой! Взгляни туда... *(Показывает на окно.)*

РЮИ *(оборачивается).* Какое синее! *(Закрывает глаза - и снова повертывается к столу. Как бы оправдываясь.)* Я отвык.

МУНЕБРАГА. Сын мой! Мы хотим, чтобы твоя душа была в этом неизреченном свете, а не в кромешной тьме геенны. У тебя есть еще время покаяться. И есть путь: сказать нам - чистейшую, как это небо, правду.

РЮИ. Ни один из Санта-Крусов не нуждается в таком щите, как ложь.

МУНЕБРАГА. Тем лучше. Тогда скажи: известен ли тебе указ нашего доброго короля - указ о том, что всякий перепечатывающий, продающий или читающий эту книгу *(осторожно, двумя пальцами, как бы опасаясь запачкаться, поднимает со стола книгу)* - должен быть казнен на костре, на эшафоте или в яме?

РЮИ *(вздрагивает).* Известен.

МУНЕБРАГА. И значит, ты признаешь, что впал в ересь сознательно, с открытыми глазами вступил на этот сатанинский путь?

РЮИ *(спокойно).* Мой путь не сатанинский, а путь Христа.

МУНЕБРАГА *(негодующе).* Вы слышите? Что он говорит, что он говорит, безумный! Если твой путь - есть путь Христа, то, следовательно, наш - сатанинский? Ты, следовательно, считаешь, что святая церковь... нет, мой язык не в состоянии произнести такую хулу! Секретарь, отметьте: богохульствует.

ФРА-ПЕДРО *(доминиканец слева от Мунебраги).* Неслыханно!

РЮИ *(все еще спокойно).* Вы просто хотите придать другой смысл моим словам. Я утверждал раньше и утверждаю, что ни в чем не отступил от учения Христа.

МУНЕБРАГА. Но раз церковь - раз мы говорим тебе, что ты

впал в ересь... Ты, стало быть, хочешь сказать, что церковь может ошибаться? Ты не веришь тому, чему учит церковь?

ФРА-НУНЬО *(доминиканец справа от Мунебраги)*. Это, ваше преподобие, настолько очевидно, что я полагал бы...

ФРА-ПЕДРО *(горячо)*. Несчастный! Да если бы мне церковь сказала, что у меня только один глаз - я бы согласился и с этим, я бы уверовал и в это. Потому что хотя я и твердо знаю, что у меня два глаза, но я знаю еще тверже, что церковь - не может ошибаться. А ты, несчастный...

РЮИ. Вот именно, отец мой: я твердо знаю, что у меня два глаза. И обоими глазами я вижу ясно, что в этой книге - учение Христа.

ФРА-ПЕДРО *(кричит)*. Молчи! Это дьявол подсказывает тебе на ухо ответы. Вот - я вижу, я вижу: шевелятся его бородавчатые, лиловые губы! Это - тот самый, какой сегодня ночью меня...

МУНЕБРАГА. Успокойтесь, фра-Педро. *(К Рюи.)* Сын мой! Пойми же: мы любим тебя - как отец любит даже и блудного сына. И от твоего упорства - сердце у нас по каплям исходит кровью. Пойми же, наконец, свою выгоду: если ты не покаешься - как упорный еретик ты будешь сожжен на костре; если ты покаешься - как сознавшийся в ереси ты будешь сожжен на костре, но...

РЮИ *(с усмешкой)*. Я выгоды не вижу.

МУНЕБРАГА. Ты не дал мне кончить. Пойми: кратковременным страданием - ты искупишь свой грех. И раньше или позже - из чистилища ты перейдешь в светлое Христово царство. Покайся же!

РЮИ. Мне не в чем каяться.

МУНЕБРАГА *(встает, руки к небу)*. Святая дева! Помоги мне смягчить его окаменевшее сердце! *(Выходит из-за стола, становится перед Рюи на колени. С дрожью в голосе.)* Сын мой! Я на коленях молю тебя: покайся! Ты видишь: у меня слезы на глазах... Сжалься над нами, дай нам спасти тебя!

РЮИ *(пытается поднять его. Растерянно)*. Встаньте же... Ведь это... Я... я просто... *(Доминиканцам.)* Помогите же мне...

МУНЕБРАГА. Не встану - пока не скажешь: каюсь!

РЮИ. Клянусь святым крестом: если бы я чувствовал, что я... Но я же не могу...

МУНЕБРАГА *(встает. Секретарю)*. Запишите: упорствовал и ложно клялся святым крестом. *(Садится.)* К прискорбию, я вижу, нам остается только одно...

Звонит два раза. Входят МАСТЕРА.

Принесите инструменты. А вы, фра-Нуньо, объясните ему. Я обессилен - он измучил меня своим упорством.

ФРА-НУНЬО *(по мере того как приносят инструменты - объясняет. Говорит ласково)*. Вас положат на эту лестницу, сеньор Родриго. Руки привяжут вот тут, наверху, а ноги вот к этой веревке. А здесь вот - видите? - это ворот, и воротом вас будут тянуть вниз, пока суставы не хрустнут, - и вы будете становиться все длиннее, длиннее, длиннее... А вот тут, на этой скамье - тут гвозди... *(Что-то смахивает с гвоздей.)* Это ничего: это остались клочки... Вас прикрутят осторожно к скамье - сапог на вас нет? - отлично; ноги будут вот здесь: в колодке. Внизу поставим жаровню - вот так! - подошвы вам смажем маслом, слегка, и будем подогревать... пока не лопнет кожа и мы не увидим, какого цвета кости у вас. А если вы все же будете молчать, так наши мастера наденут на вас вот эти сапоги. Уж вам придется извинить нас, если они окажутся немного просторны. Но видите ли, здесь есть винт, и если подвинтить - боюсь, вы станете жаловаться, что сапоги вам слишком тесны...

РЮИ отступает к скамье подсудимых, хватается рукою за стойки.

А это... не пугайтесь, дон-Родриго, - здесь всего только

вода, чистейшая, как слезы Мадонны. Вода и кусок полотна. Полотном мастера прикроют вам нос и рот - и сверху будут лить воду. Правда, вы будете захлебываться, и один только глоток воздуха покажется вам драгоценней, и слаще, и желанней мадригальского вина... Но стоит вам только сделать знак рукою, что вы готовы подчиниться нашим отеческим советам, - как тотчас же...

МУНЕБРАГА. Довольно. Я вижу: он согласен. Не правда ли, сын мой?

РЮИ *(тихо).* Этим... этим, быть может, вы заставите меня сознаться в чем угодно. Может быть, я даже скажу вам, что господа Иисуса Христа убил я, а не кто другой. Но помните...*(Твердо и громко.)* Помните, что на другой день - я повторю вам все то же: я ни в чем не нарушил заветов Христа, изложенных вот в этой книге.

МУНЕБРАГА. Так? *(Подходит к инструментам и благословляет их).* Во имя божие и святого Доминика... *(Мастерам.)* Ведите его.

Мастера ведут РЮИ.

ФРА-НУНЬО *(Мунебраге - тихо).* Перед тем как наши Мастера... - пожалуй, было бы очень кстати посвятить его в то, что его отец уже... Понимаете? Это пробьет в упрямце брешь - и облегчит мастерам штурм...

МУНЕБРАГА. Вы мудры, как змий, фра-Нуньо. *(Мастерам.)* Эй, постойте! Сын мой, пока не поздно - в последний раз, именем твоего покойного отца...

РЮИ *(вырывается из рук Мастеров - к столу).* Вы сказали... отца... Он умер? Умер?

МУНЕБРАГА *(скорбно).* Да, сын мой. Он не вынес. И это ты убил его своим преступным...

РЮИ. Я? Нет, не я, а вы - ваш Балтасар... Он убил отца, да, он! И меня он... *(задыхается)* из низкой зависти, что Инеса...

БАЛТАСАР *(за занавесью).* Ложь! *(Выходит.)* Ложь!

Замолчи! Ты не знаешь, чего мне стоит...

За столом смятение. Все вскакивают с мест.

РЮИ. А-а, ты там подслушивал! Ну что же: ты все идешь вперед. Недаром же на щите у Санта-Крусов девиз: "Только вперед".

БАЛТАСАР. Замолчи!

НОТАРИУС *(Мунебраге)*. Я говорил!

МУНЕБРАГА быстро становится между РЮИ и БАЛТАСАРОМ.

МУНЕБРАГА *(Мастерам)*. Возьмите его! Живей!

РЮИ. Я сам пойду. Но теперь, когда я знаю, что мой милый брат будет сидеть с вами и ждать, пока я... Будьте уверены: теперь я не скажу ни слова! *(Мастерам.)* Я готов.

Уходит с МАСТЕРАМИ. Все рассаживаются. БАЛТАСАР тяжело опускается на скамью подсудимых.

МУНЕБРАГА. Ах, дон-Балтасар, боюсь - вы испортили нам все дело... Но садитесь сюда: вам там не место.

БАЛТАСАР. Не знаю. Быть может, именно на этой скамье...

МУНЕБРАГА. Мужайтесь, дон-Балтасар. Я понимаю: вам не легко. Но вспомните - Христос сказал Иуде... то есть наоборот: Иуда сказал...

БАЛТАСАР *(поднял голову, прислушивается - перебивает)*. Постойте, кажется...

НОТАРИУС *(любезно)*. О, нет, сеньор. Тут стены очень толсты - и дверь... Так что это только вам показалось.

БАЛТАСАР. Ваше преподобие - я умоляю вас: распорядитесь остановить. Я умоляю!

МУНЕБРАГА *(сурово)*. Я не узнаю вас, дон-Балтасар. Вы вмешиваетесь в действия Святого Трибунала. Остановить пытку?

БАЛТАСАР. Да, да... Мне пришло сейчас в голову... Потому

что ведь он все равно ничего не скажет, я знаю его. Мне пришло в голову, что есть другое средство...

МУНЕБРАГА. Действительнее пытки? Не думаю, сеньор.

БАЛТАСАР. Да, вы сейчас увидите сами... Только прошу вас - прошу вас - остановите скорей...

МУНЕБРАГА *(пожимая плечами)*. Хорошо. Но если окажется, что вы... *(Звонит два раза.)*

Показывается ВТОРОЙ МАСТЕР - утирает рукою пот с лица.

Остановите... пока.

ВТОРОЙ МАСТЕР *(недовольно)*. Уже остановить?

МУНЕБРАГА. Я сказал.

Мастер уходит.

Мы ждем, дон-Балтасар.

БАЛТАСАР. У него... у моего брата - невеста... Инеса - он только что назвал ее.

МУНЕБРАГА *(заинтересовываясь)*. А-а! Невеста?

БАЛТАСАР. Она готова жизнь отдать, чтобы спасти его. И ей надо обещать, что если ей удастся убедить Родриго покаяться, то ему будет дарована жизнь. И я уверен - тогда...

МУНЕБРАГА. Дон-Балтасар, сегодня вы расстроены и говорите очень странно - чтоб не сказать больше. Неужели мне объяснять вам - вам? - что мы не вправе прощать еретиков. Неужели и вам надо напоминать о том, что, щадя их тело, - мы безжалостно оставляем их душу во власти...

БАЛТАСАР. Ваше преподобие, вы поняли меня превратно. Я сказал: обещать.

МУНЕБРАГА. Обещать? Позвольте, позвольте... Вы хотите сказать, что...

БАЛТАСАР *(перебивая горячо)*. Я люблю его. И чтобы спасти его душу... Это мне дороже страданий его, моих и... и чьих угодно. Дороже чести...

МУНЕБРАГА. Дон-Балтасар, простите меня: я на минуту усомнился в вас... и, кажется, даже был резок... Вы правы - тысячу раз правы. Я вас понял. Я понял. Это гениально! Мы испробуем ваш способ завтра же - непременно. Вы правы... А пока, сеньоры, кончим - и, надеюсь, вы не откажетесь разделить со мною мою скромную трапезу?

НОТАРИУС. Как всегда - вы истинно христиански скромны, ваше преподобие. Скромная трапеза!

БАЛТАСАР. Благодарю за честь, ваше преподобие... Но...

МУНЕБРАГА. И слышать не хочу! Идемте. *(Берет Балтасара под руку; идут к двери направо.)* Индейка, кормленная каштанами, - вы понимаете? Это не индейка, а трехлетний ребенок в масле, персик, облако... *(В дверях.)* Нет, нет. И слышать не хочу!

Занавес

Действие третье

Приемная де-Мунебраги. Окна с ярко рассвеченными витражами, много солнца. На устланном ковром возвышении в кресле - МУНЕБРАГА. Зала полна посетителей. Жужжание сдержанного говора. Отдельно - группа доминиканцев.

ПЕРВЫЙ ДОМИНИКАНЕЦ *(восторженно)*. Это, я вам скажу, была охота! Он выскочил через окно в сад, мы загнали его в угол. Так что же бы вы думали: стал, проклятый, прыгать на стену, цепляться ногтями. Потом сел в углу, лицом в стену - и захныкал. Тут мы смело навалились кучей...

ВТОРОЙ ДОМИНИКАНЕЦ. Да, в эту ночь сеньор Иисус благословил наши сети, как некогда сети галилейских рыбаков...

Разговаривая, уходят. Остаются ФРА-ПЕДРО и ФРА-НУНЬО. ФРА-НУНЬО что-то шепчет на ухо ФРА-ПЕДРО.

ФРА-ПЕДРО *(жадно)*. Где? Где?

ФРА-НУНЬО. Вот - рядом с дон-Балтасаром на диване. Вся в черном - видите?

ФРА-ПЕДро *(отплевывается)*. Тьфу! Тьфу! Vade retro! Какая мерзостная красота! Точь-в-точь как тот суккуб, какой вчера ночью...

ФРА-НУНЬО. А вот попробуем, не удастся ли нам и суккуба обратить в орудие церкви. Того - Родриго - тоже привели: ждет внизу. Сейчас кончится прием - и тогда... Я просто умираю от нетерпенья: удастся - или не удастся?

В это время МУНЕБРАГА знаком подзывает к себе СЕКРЕТАРЯ инквизиции и что-то приказывает.

СЕКРЕТАРЬ *(стоя на возвышении, громко)*. Его

преподобие сегодня больше не принимает. Остальные - завтра.

Посетители начинают выходить. Снаружи, за дверью, какой-то шум, визгливый женский голос.

ЖЕНСКИЙ ГОЛОС. А я вам говорю - пойду! А я говорю...
МУНЕБРАГА *(морщась)*. Что там такое? Скажите, чтобы...

Вырвавшись от алгуасилов, вбегает высокая, растрепанная ЖЕНЩИНА и падает на колени перед МУНЕБРАГОЙ. Посетители задерживаются в дверях, с любопытством смотрят.

ЖЕНЩИНА. Ваше преподобие! Сеньор! Я не могу терпеть такого надругательства над верой! Я должна...
МУНЕБРАГА. Встаньте, дочь моя. В чем дело?
ЖЕНЩИНА *(захлебываясь от негодования)*. Сеньор... Этот подлый Хуан, мой муж... Он подарил турецкую шаль соседке Марии. Это ей-то! Да у ней только и хорошего, что жирное вымя, а глупа, как...
МУНЕБРАГА. Но вымя - это не входит в круг наших задач, сеньора.
ЖЕНЩИНА *(не слушая)*. Так я ему и сказала: глупа, как мул. А он на меня - с кулаками. Я схватила со стены медное распятие, размахнулась и хотела... Не помню: кажется - и хотела его благословить.
МУНЕБРАГА. Благословить? *(Еле сдерживает смех.)*
ЖЕНЩИНА. Да, кажется. А он, негодный, ударил кулаком, вышиб распятие - и потом всю меня... Вот видите - синяки: вот, вот... Он оскорбил меня - и святой крест...
МУНЕБРАГА. Вас, милая сеньора, как будто уж не так легко оскорбить. Но то, что он ударил изображение божественного Спасителя... Я прикажу арестовать его.
ЖЕНЩИНА. Да хранит вас матерь божия, сеньор! Вы заступник веры и слабых женщин... А уж с этой Марией - я с ней разделаюсь... я ей... *(Что-то приговаривая, уходит.)*

Сдержанный смех среди посетителей. МУНЕБРАГА сперва закрывает рот платком, затем смеется громко, роняет платок. Несколько посетителей бросаются поднимать.

ПЕРВЫЙ ГРАНД *(у авансцены - Второму гранду).* Турнир из-за платка - смотрите: сражаются де-Кастро, и Вега, и дон-Мендоса... целый букет севильских рыцарей...

ВТОРОЙ ГРАНД. Сеньор, я не пойму: как вы можете улыбаться?

ПЕРВЫЙ ГРАНД. Нет, отчего же? Это зрелище - прекрасно. Инквизиция - могущественна, могущество - красиво; преклонение пред красотой - прекрасно. Ergo...

ВТОРОЙ ГРАНД. Сеньор, в ваших словах есть вкус полыни...

Уходят вместе с остальными. СЕКРЕТАРЬ, ФРА-НУНЬО и ФРА-ПЕДРО - удаляются через другую дверь во внутренние покои Мунебраги. В приемной остаются МУНЕБРАГА и БАЛТАСАР с ИНЕСОЙ.

МУНЕБРАГА *(подходит к Инесе).* Итак, сеньора...

ИНЕСА *(прерывающимся голосом).* Дон-Балтасар говорил мне, что вы были так... так добры, что разрешили мне свидание с моим... с моим женихом... дон-Родриго...

МУНЕБРАГА. Прелестная сеньора! Если бы я не разрешил раньше, то, конечно, разрешил бы теперь - увидев вас. Какие ручки! Говорят, такие же были у мавританки Ахи Галианы, и такими же - она погубила душу рыцаря Нальвильоса...

ИНЕСА *(смущенно).* Вы... вы очень добры, отец мой.

МУНЕБРАГА *(продолжает).* Но вы, быть может, этими руками спасете дон-Родриго.

ИНЕСА *(радостно).* Спасу? Вы говорите - я... О, дон-Мунебрага, неужели... Дон-Мунебрага, это неправда, что говорят о вас - что вы жестоки... *(Горячо.)* Это неправда - я вижу!

МУНЕБРАГА. Сеньора, вы не допускаете мысли, что вы -

лишь вы - заставили меня вдруг перемениться? Вот если бы вам также удалось и дон-Родриго сделать менее жестоким по отношению к нам!

Берет и гладит ее руку. Инеса закусывает губы, но сдерживается.

Так вот, сеньора. Вы должны убедить жениха покаяться - и тогда...

ИНЕСА. Что - что тогда?

МУНЕБРАГА. Первое - мы завтра же переведем его из Трианы в монастырь Святого Доминика: дон-Родриго там будет легче. А затем - посмотрим. Надеюсь, нам удастся сохранить его для вас. Разумеется, если он будет чистосердечно отвечать на все наши вопросы.

ИНЕСА. Я сделаю! Сеньор де-Мунебрага! Я все сделаю! Он покается! Дайте, дайте мне только увидеть его!

МУНЕБРАГА. Я ухожу, сеньора: сказать, чтобы его привели. Но помните, вы должны от него добиться... вы должны! *(Уходит.)*

ИНЕСА *(Балтасару - возбужденно).* Неужели - неужели все это правда? Я верю - и боюсь поверить. Я думала, что Мунебрага - ...а он такой же, как все, как мы все - самый обыкновенный. Но зачем он так мои руки... Была одна минута - я чуть не схватилась за свой кинжал: ведь вы знаете - он всегда при мне...

БАЛТАСАР. Этим кинжалом вы прежде всего убили бы его, Рюи. Вы должны взять себя в руки и помнить, что сейчас от вас - только от вас - зависит, какова будет судьба Рюи.

ИНЕСА. Постойте - он сказал: в монастырь... но ведь... Это только сейчас пришло мне в голову... Ведь это же... понимаете? Если нельзя устроить побег отсюда, то из монастыря...

Балтасар молчит.

(Спохватившись, жестко.) Прошу прощенья. Я забыла,

что говорю с тем, кто заключил Рюи в Триану. *(Помолчав.)* Но ведь это вы же устроили мне свидание с ним - и чтоб спасти его, вы... Нет, я вас не понимаю - и боюсь вас!

Балтасар молчит.

Берегитесь, дон-Балтасар! Не забудьте: во мне есть мавританская кровь. Недаром Мунебрага вспомнил Аху Галиану... Но, впрочем, нет: тут же не может быть, не может быть ничего такого... Ну скажите - что не может! Ну что же вы молчите?

БАЛТАСАР. Я могу сказать только одно: если вы убедите Рюи - он будет спасен.

ИНЕСА. Порукой в том ваше слово - слово честного рыцаря и графа Санта-Круса?

БАЛТАСАР *(твердо)*. Да. *(Горячо.)* Если бы вы знали, чего бы только я не дал, чтобы он покаялся! Ведь я же брат ему! И ради его спасенья - я готов...

За дверью справа - голоса.

ИНЕСА *(торопливо)*. Я вам верю.

БАЛТАСАР. Они... Я буду ждать внизу. *(Уходит во внутренние покои.)*

МУНЕБРАГА входит. За ним два служителя вводят РЮИ.

МУНЕБРАГА. Ну вот, сеньора: я отдаю этого упрямца в ваши нежные руки - и, вероятно, вы предпочтете остаться с ним вдвоем?

ИНЕСА. Да, если бы...

МУНЕБРАГА. Хотя по нашему уставу это и не разрешается, но для вас, сеньора... *(Служителям.)* Ступайте! *(Инесе.)* Когда вы кончите - вы постучите мне в ту дверь. Но торопитесь.

ИНЕСА и РЮИ - на диване. Инеса обняла Рюи и молча прижимает его голову к груди. Пауза.

ИНЕСА. Мой бедный, мой милый мальчик... Простите - что я так... но вы для меня сейчас - как мое единственное дитя - мое дитя! *(Пауза.)* Если б вы знали, как я все это время... я не спала, я целые ночи металась по комнате - и все об одном: ведь это я, я - вот этими руками! Я взяла там, в нише, эту книгу! И я должна...

РЮИ. Инеса, не надо... Я не могу говорить... Понимаете: после соломы и крыс - вдруг солнце - и вы здесь, со мною! Инеса, сделайте, чтоб я поверил: вдруг проснусь, вдруг все...

ИНЕСА. Мой бедный! Ну слушайте - вот сквозь шелк - вы слышите, как бьется мое сердце?

РЮИ *(секунду слушает)*. Инеса! *(Прижимается губами к тому месту, где слушал. Выпрямившись.)* Инеса! Неужели это - последний раз?

Инеса опять нежно берет его голову и прижимает.

Что вы делаете со мной? Все время я был в каких-то железных латах, а сейчас...

ИНЕСА. Не надо лат. Я не хочу, чтобы вы были в латах - со мною. И не бойтесь: не последний раз. Мы вас спасем. Понимаете - спасем! И я здесь для того, чтобы...

РЮИ. Спасем? Меня? Кто это - "мы"?

ИНЕСА. Я и Балтасар.

РЮИ *(нахмурившись)*. Балтасар?

ИНЕСА. Да, это он устроил все. Мне кажется, он очень изменился и так страдает... Он устроил - и я только что говорила с дон-Мунебрагой...

РЮИ. Инеса, зачем вы... Если вы хотели утешить меня обманом - так не надо. Не надо лучше! Я уже приучил себя к мысли, что скоро я... Зачем же вы...

ИНЕСА. Рюи, милый, вы мне не верите - мне? Взгляните мне в глаза. Ну? Неужели они не говорят вам...

РЮИ *(медленно).* Да. Да, как будто... *(Отодвигаясь, качает головой.)* Нет. Это невозможно. Я знаю их. Нет...

ИНЕСА. Балтасар вот только сейчас, здесь, дал мне слово, что если вы исполните то, что я скажу вам, - вы будете спасены. Понимаете: дал слово. Не станет же он... И Мунебрага - сам обещал мне...

РЮИ. Ах, знаю я их спасенье!

ИНЕСА. Ну пусть даже вы и правы... Хотя я говорю вам: Балтасар дал слово. Но ведь это остается: Мунебрага обещал вас завтра же перевести в монастырь Святого Доминика. А оттуда... *(Тихо.)* Рюи... вы понимаете? - оттуда, позже, вы можете...

РЮИ *(оживляясь).* В монастырь? Постойте, постойте... Но что же я должен?

ИНЕСА. Рюи - так немного, так немного... Только сказать им, что вы ошибались, сказать, что теперь вы признаете это, - только сказать... *(Умоляюще.)* Рюи!

РЮИ *(угрюмо).* Сознаться? Покаяться?

ИНЕСА. Рюи, слушайте. Если они убьют вас - я тоже не буду жить. Я в тот же день убью себя. Вы знаете - я ведь не бросаю слов на ветер.

РЮИ. Инеса, что вы делаете, что вы делаете со мною!

ИНЕСА. Рюи, слушайте. Неужели у вас хватит духу убить меня?

РЮИ. Монастырь Святого Доминика... Да, я вспоминаю: дон-Пабло удалось бежать оттуда... Да, помню... *(Загораясь.)* Инеса! *(Берет ее за руки.)*

ИНЕСА. Я победила! Я вижу! Я спасла вас!

РЮИ *(тихо).* Инеса - и ведь вы тоже со мною? Когда я вырвусь - мы уедем вместе?

ИНЕСА. Да, Рюи! Да! Да!

РЮИ. И где-нибудь далеко... Мы найдем наш Эльдорадо... Далеко от всех этих... *(вздрагивает)* и от их инструментов...

ИНЕСА. Рюи, милый, не надо об этом. Это уж кончено: забудьте. И помните - только помните, что скоро... *(Поднимается.)*

РЮИ. Одну минуту... *(Прижимается лицом к ее груди и целует.)* Прощайте.

ИНЕСА. Нет, Рюи, не прощайте. Я знаю: мы опять скоро увидимся. Я чувствую. И увидимся не так, как сейчас, - все будет другое... *(Подходит к двери, стучит.)*

МУНЕБРАГА *(входит).* Ну что ж, сеньора? Я жду - с нетерпением...

ИНЕСА *(радостно).* Он согласен!

МУНЕБРАГА. Сеньора, я говорил, что эти очаровательные ручки... Нет, право, нам необходимо включить хотя бы одну женщину в число членов Святого Трибунала. Тогда наша работа пошла бы гораздо быстрее - и легче - и приятней для тех, кого нам приходится спасать от дьявольских когтей...

Инеса делает движение, чтоб отойти.

Еще немного терпенья. Я хочу, чтобы все это при вас... Так вернее. *(Заглядывает в отворенную дверь.)* Сюда, прошу вас. И захватите с собою бумаги.

Входят СЕКРЕТАРЬ, ФРА-ПЕДРО и ФРА-НУНЬО.

Итак, сеньор Родриго, вы передумали? И больше уж не хотите мучить нас своим упрямством?

РЮИ *(не отрываясь взглядом от Инесы. Тихо.)* Да.

МУНЕБРАГА. Вы признаете, что впали в преступную ересь?

РЮИ *(по-прежнему.)* Да.

МУНЕБРАГА *(Секретарю).* Пишите. *(Поворачиваясь к Рюи.)* И каетесь, и просите святую церковь отпустить вам прегрешения?

РЮИ. Да.

МУНЕБРАГА. Пишите. Ну вот видите, как просто. Вот и все! *(Инесе.)* От имени Святого Трибунала - благодарю вас, сеньора. *(Секретарю.)* Сегодня понедельник... завтра... нет, когда у нас аутодафе?

СЕКРЕТАРЬ. В четверг.

МУНЕБРАГА. Сегодня уже поздно, сеньора. И вдобавок вечером нам придется еще раз немного поговорить с дон-Родриго. Но завтра - ручаюсь вам - он будет в монастыре Святого Доминика.

ИНЕСА. Сеньор, я так - так благодарна вам! Сейчас я выйду отсюда - и в первый раз этой весной увижу, как цветут деревья и как... Прощайте, дон-Родриго, и помните все, что я вам сказала, - помните, что завтра вы уже в монастыре.

РЮИ *(с тоской.)* Инеса!

Служители уводят его направо.

МУНЕБРАГА *(Инесе).* Сюда, прошу вас. *(Секретарю.)* Проводите!

ФРА-ПЕДРО. Спасен! Господь премудр - и руками той, кто погубил блаженство человека в раю, руками любимицы дьявола - спасен. Господь премудр...

Занавес

Действие четвертое

Площадь в Севилье. В глубине, заслоняя солнце, высится черный, как уголь, Святой Дом - замок Триана. Ближе квемадеро: каменный эшафот; по углам - четыре гигантских медных статуи апостолов. В нижней части статуй открыты двери: видны разложенные внутри статуй костры; костры также и на свободной площади квемадеро. Между квемадеро и замком - овраг: нежно-зеленые листья олив, золотые апельсины. Слева - фасад дома и балкон; с балкона спускается черное сукно - на сукне серебром королевский герб. Под балконом - трибуны, обтянутые черным; у подножия трибун - несколько лож для знати. Фасад дома заканчивается (недалеко от рампы) круглой башней; под башней - ворота. Справа от квемадеро - небольшой, тоже черный, помост для инквизиторов и духовенства, украшенный гербами инквизиции. Площадь наполнена народом. На трибунах - все больше и больше разодетых кабальеро и дам. От средины квемадеро через всю площадь тянутся шпалерами алгуасилы: охраняют проход для шествия. Шныряют разносчики прохладительных напитков, торговцы фруктами, монахи. Вдали глухой, медленный звон колоколов.

ТОРГОВЕЦ ФРУКТАМИ. Персики, гранаты, гранаты! *(Офицеру алгуасилов, любезничающему с девушкой.)* Сеньор алгуасил, купите: персик обойдется вам куда дешевле этой сеньориты, а пушок такой же приятный, как у нее на губах. Право! *(Гладит себя персиком по щеке.)*

ДЕВУШКА. Бесстыдник! Сеньор алгуасил, скажите ему, чтобы он...

ТОРГОВКА *(румяная, руки красные, засучены по локоть, вскакивает на табуретку).* Вон, вон уж видно: спускаются, завернули. Еретиков-то нынче сколько! Целое стадо!

ТОЛПА. Пусти же, дай мне! - Не давите, я вам не виноград! - Пожалуй, посочнее... - Чего там, волоки ее за ноги! (*Стаскивают торговку. Смех.*)

Слева из-под башенных ворот показывается пара: Горожанин с лимонно-желтым лицом, опирающийся на палку, с ним рядом - СЕНЬОРА С ДВУМЯ СУМКАМИ в руках. Справа другая пара: обливающийся потом Горожанин с румяным лицом, рядом СЕНЬОРА С ВЕЕРОМ.

СЕНЬОРА С ВЕЕРОМ. Чтоб их чума заела! Надо же им было устроить это перед самым нашим домом! От этих еретиков такая жирная сажа: опять закоптят мне все стены - чисть потом...

РУМЯНЫЙ. Осторожней! Не видишь: сосед навстречу. Время теперь такое: кто его знает...

ЖЕЛТЫЙ. Чтобы их черт взял! Вместо того, чтобы лежать - я, человек больной, должен вот с самого утра...

СЕНЬОРА С ДВУМЯ СУМКАМИ. Ш-ш, тише! Навстречу нам этот толстый боров. Кто его знает...

Встречаются.

ЖЕЛТЫЙ. А-а, любезный сеньор сосед! О чем это вы так горячо беседовали с супругой?

РУМЯНЫЙ. Мы радовались, что квемадеро так близко от нас. Хвала отцам инквизиторам: без них мы давно забыли бы о душе и погрязли в низменных заботах о плоти.

Возле разговаривающих появляется ИДАЛЬГО, похожий на Дон-Кихота, и, уронив монету, усердно ее ищет; разговаривающие косятся на него.

ЖЕЛТЫЙ. Вполне согласен. Вот я - собрал последние силы и все-таки пришел. Я бы мог взять удостоверение от медика, что по болезни не мог прийти, но я не хотел упустить счастливый случай.

СЕНЬОРА С ДВУМЯ СУМКАМИ. К тому же - выгодно; ведь его святейшество обещал дать всем присутствующим бесплатное отпущение грехов на сорок дней, а если купить индульгенции у монахов - это выйдет... Сорок по пять... *(Проходит.)*

ПЕРВЫЙ ГРАНД *(в воротах под башней).* Улов у них богатый. Подумайте, какие имена: де-Кастро, Сан-Висенте, младший Санта-Крус...

ВТОРОЙ ГРАНД. Дон-Родриго? Нет, вы ошибаетесь, сеньор! Я слышал, что старший, дон-Балтасар, использовал свою близость к Святому Трибуналу, и ему удалось...

ПЕРВЫЙ ГРАНД. Что ему удалось отправить брата в Триану - это верно. Но чтобы он раздумал посредством костра излечить Родриго от вредных мыслей... Едва ли. Едва ли, сеньор! Скорей у этого медного апостола случится изжога после сегодняшней дичи...

Неподалеку появляется ИДАЛЬГО, похожий на Дон-Кихота, роняет монету, ищет ее.

ВТОРОЙ ГРАНД. Не так громко, сеньор. Вон тот идальго уж что-то слишком долго ищет свою монету.

ПЕРВЫЙ ГРАНД *(оборачивается. Громко).* Как спокойно и радостно на душе, когда чувствуешь за собой бдительный, любящий взгляд! Невольно вспоминается, что к каждому из нас от рождения приставлен белокрылый ангел-хранитель, любовно стерегущий наш каждый шаг...

Похожий на Дон-Кихота Идальго поднимает свою монету и ретируется. Первый гранд смотрит ему вслед с усмешкой.

ВТОРОЙ ГРАНД. Вас не поймешь, сеньор, когда вы в шутку и когда серьезно...

Проходят. Из толпы - БАЛТАСАР и ИНЕСА.

ТОРГОВЕЦ ФРУКТАМИ. Персики, сеньор, персики! Кожа нежная, как у вашей... *(Пригвожденный к месту взглядом Балтасара, замолкает, пятится в толпу.)*

ИНЕСА *(поднимает голову, увидела квемадеро, остановилась).* Я не могу... Эти медные лица - и все время колокол... Я не могу! Слушайте; вы уверены, что ему - Рюи - вчера передали этот поддельный ключ и оружие и что он успел...

БАЛТАСАР. На нас смотрят. Успокойтесь, прошу вас. Ведь вы же понимаете...

ИНЕСА. Да, да... Сейчас... Я - я помню... Я знаю: Рюи не может быть здесь. Но при одной мысли, что он тоже мог бы... Дайте мне руку... нет, не надо. Сегодня - я так вас ненавижу! Ведь это вы его - вы... Пусть даже потом вы сами - помогли.

БАЛТАСАР. Донья Инеса, я знаю, вам трудно простить меня. Но попробуйте понять: я не мог иначе! Что бы ни случилось, помните: я не мог, я должен был - как стрелка часов - все вперед, до конца... Каков бы ни был конец... А мы никогда не знаем, каков он будет.

ИНЕСА. Какой конец? Почему не знаем? Не мучьте меня, ради святой девы!

БАЛТАСАР. Не смотрите на меня так. Зачем - зачем вы пошли сегодня?

ИНЕСА. Я не могла ждать до завтра. А сегодня - я своими глазами увижу, что его здесь нет, что он - спасен...

К ним подходят ПЕРВЫЙ и ВТОРОЙ гранды, низко кланяются. Все четверо проходят к ложам.

ТОРГОВКА *(опять на табурете).* Идут! Идут!

ТОЛПА. Пусти, говорят тебе! - Ты и так как колокольня... - Ты что больше любишь? Это - или бой быков? - Ай, ожерелье! Оборвали мое ожерелье!

АЛГУАСИЛЫ *(осаживают толпу.)* Назад, эй! Назад, говорят вам! - Ты, деревенщина, дойная корова, что ли: ноги-то расставил? Что-о?

Показывается шествие. Впереди УГОЛЬЩИКИ, с пиками; за

ними ДОМИНИКАНЦЫ, *с белым крестом, обвитым черным крепом. Мальчики, ученики духовных коллегий, в белом. Поют: "Ora pro nobis".*

ТОРГОВКА. Вот они! Вот они! Глядите!

ДЕВУШКА. Сеньор алгуасил, а эти, с пиками, - зачем?

ОФИЦЕР АЛГУАСИЛОВ. А это, красавица, угольщики - поставщики святых костров.

ДЕВУШКА. У-угольщики! Я думала... А знаете, сеньор алгуасил, вам очень бы пошли рыцарские шпоры. Я бы хотела, чтобы вы скорее завоевали какую-нибудь французскую крепость.

ОФИЦЕР АЛГУАСИЛОВ *(покручивая усы).* Сеньора, я как раз пытаюсь завоевать самую неприступную крепость - ваше сердце.

ДЕВУШКА. Сеньор алгуасил, тогда вы уже заслужили шпоры...

Проносят важную СЕНЬОРУ в носилках.

СЕНЬОРА В НОСИЛКАХ *(высовываясь).* Еще не зажгли? Я не опоздала?

ОФИЦЕР АЛГУАСИЛОВ *(покручивая усы.)* О, нет, сеньора! Но если вы будете смотреть туда - я, на основании собственного опыта, чувствую, что костры сейчас же загорятся...

Носилки уносят. На виду - два МАЛЬЧИКА и ДЕВОЧКА; сложили костер из сухих трав и сучьев. Спорят.

ПЕРВЫЙ МАЛЬЧИК. Я буду палач...

ВТОРОЙ МАЛЬЧИК. Нет, я!

ПЕРВЫЙ МАЛЬЧИК. Да-а... *(Плаксиво.)* Ты всегда себе самое лучшее. Король - ты, палач - ты...

ОФИЦЕР АЛГУАСИЛОВ. Вы, там! Тише! Не видите, король сейчас...

На балконе два ПАЖА - открыли двери и стали по сторонам. Медленно выходит КОРОЛЬ Филипп II, с ним рядом - невеста, принцесса Елизавета Французская, и свита.

ТОЛПА. Да здравствует король-роль-о-о-о!

*Гул.
Король делает знак рукою. Толпа затихает. Король невнятно бормочет что-то.*

ТОЛПА. Что - что он сказал? - Что такое, усердие к вере... - Невеста-то! Ах, бедненькая! - Ну, я хотела бы... - Он сказал, что каждому из присутствующих будет выдано из королевской казны... - Что за вздор!

В это время король подошел к перилам балкона и увидел Балтасара. Милостиво кивает ему и, полуобернувшись назад, отдает пажу какое-то приказание. ПАЖ вбегает в ложу, где Балтасар и Инеса, - и говорит с Балтасаром, показывая рукой наверх. БАЛТАСАР и ИНЕСА проходят в дом, появляются на балконе и вскоре вместе с королем и частью свиты скрываются внутрь. Возле башенных ворот раскладывает свой столик торговец прохладительными напитками. Сюда подходят ПЕРВЫЙ и ВТОРОЙ ГРАНДЫ.

ПЕРВЫЙ ГРАНД *(торговцу).* Шербет для меня и для этого сеньора. *(Второму гранду, продолжая разговор.)* И вот, сеньор, его величество ответил так: "Если бы мой сын оказался еретиком - я бы первый поджег для него костер". Не правда ли, - слова, достойные христианина? Естественно, что, узнавши о благородном подвиге дон-Балтасара, король... Смотрите, смотрите: кладет ему руку на плечо...

ВТОРОЙ ГРАНД *(недоуменно).* Не понимаю вас, сеньор: серьезно вы это или только в шутку?

ПЕРВЫЙ ГРАНД. А это: почтить прибытие невесты таким

благочестивым и блестящим зрелищем, как аутодафе. По крайней мере, эта француженка сразу поймет, что Испания единственная страна в Европе, где пекутся не о телах, но о душах...

Проходят. Шествие аутодафе, остановившееся, пока говорил король, снова двинулось. Группа ДУХОВЕНСТВА в траурных ризах. Герцог Медина Сэли, со знаменем инквизиции. СЛУЖИТЕЛИ инквизиции с украшенными серебром черными палицами. За ними - ОСУЖДЕННЫЕ на сожжение живьем еретики; они в желтых "сан-бенито", в колпаках, расписанных изображениями бесов и языков адского пламени, обращенных остриями вверх. В руках у них зеленые зажженные свечи, каждого сопровождают солдат и два монаха. Монахи, горячо жестикулируя, негромко увещают еретиков. Впереди всех еретиков - гордо идет, улыбаясь, очень красивая молодая женщина.

ТОРГОВКА *(на табурете, размахивая руками)*. Эй, вы! Бросьте увещать эту ведьму! Ослепли, что ли? Она вам в глаза смеется. Пусть ее сожгут живьем!

ТОЛПА. Улыбается, а? Глядите! - Ткни ее палкой! - Женщину? Связанную? Ткни сам! - Какая женщина? Это еретичка! - Живьем! *(Напирают на алгуасилов, размахивая руками, палками.)*

АЛГУАСИЛЫ. Назад! С ума сошли? - Назад!

ТОЛПА. Бей! Живье-е-ем!

Рев. Рвутся сквозь цепь алгуасилов.

АЛГУАСИЛЫ. Назад! - Здесь же король, бараны! - Назад!

АЛГУАСИЛЫ действуют рукоятками алебард. Толпа перестает наседать и постепенно затихает. Из толкотни выбрались РУМЯНЫЙ и ЖЕЛТЫЙ со своими Дамами.

РУМЯНЫЙ *(утираясь)*. Ф-фу! Не правда ли, сеньор:

отрадно видеть такое христианское усердие в народе?

ЖЕЛТЫЙ. Вполне согласен, дорогой сосед.

ВТОРОЙ ГРАНД *(возле столика с прохладительными напитками. Взволнованно).* Не может быть!

ПЕРВЫЙ ГРАНД. Да вон же: сзади всех, высокий. Узнаете?

ВТОРОЙ ГРАНД. Святая дева! Вы правы: он, дон-Родриго... Но как же так... И даже в числе нераскаявшихся...

ПЕРВЫЙ ГРАНД. Ну что же: сперва раскаялся, потом раскаялся, что раскаялся... Вот когда дон-Балтасар опять появится в своей ложе, я хотел бы увидеть, как он... Пожалуй, я предпочел бы быть на месте дон-Родриго!

ВТОРОЙ МАЛЬЧИК *(толкает девочку на костер из травы и сучьев).* Ну, лезь же! *(Первому мальчику.)* А ты поджигай! Так! Эх, вот весело!

ДЕВОЧКА *(босая, огонек костра обжигает ей ноги. Она вскрикивает).* Ой, больно! *(В недоумении.)* Неужели и тем так же?

ВТОРОЙ МАЛЬЧИК. Глупая: видно, что девчонка! Они же мужчины!

ДЕВОЧКА. Ну, если мужчины - так и становись сам. А я не хочу.

РУМЯНЫЙ *(умиленно).* Милые дети! Как жаль, что мы не взяли своих! *(Исчезают в толпе.)*

Осужденных на сожжение живьем вводят на квемадеро и ставят на колени перед кострами, спиною к толпе. КОРОЛЬ выходит на балкон. Внизу в ложе появляются БАЛТАСАР и ИНЕСА; Балтасар беспокойно озирается. Увидел Рюи, выпрямился как шпага, встал перед Инесой, чтобы заслонить от нее квемадеро.

ПЕРВЫЙ ГРАНД *(Второму).* Смотрите, смотрите: дон-Балтасар уже увидел. Ручаюсь вам - сейчас произойдет что-нибудь такое...

ВТОРОЙ ГРАНД. Сеньор, не лучше ли нам уйти?

ПЕРВЫЙ ГРАНД. Нет, нет: я всякий роман дочитываю до

конца, а здесь не книги - живые люди...

Шествие продолжается. Группа Раскаявшихся: в руках у них зеленые потушенные свечи, на колпаках языки пламени острием вниз. Возле них монахи, читающие молитвы: непрерывное, монотонное жужжание. Дальше на длинных зеленых шестах доминиканцы несут чучела еретиков, умерших в тюрьме; у соломенных, прикрытых рваной материей, чучел - огромные выпученные глаза из смолы, накрашенные суриком губы. Ноги - легкие, и чучела все время пляшут в воздухе судорожный танец. За ними гробы с прахом умерших еретиков; гробы прикрыты желтыми покрывалами; на покрывалах красные языки пламени. Шествие замыкается инквизиторами в фиолетовых одеяниях, под охраной. Инквизиторы подымаются на эстраду.

ОФИЦЕР АЛГУАСИЛОВ *(объясняет девушке)*. Это? Это - изображения умерших еретиков и вынутые из могил гробы с их прахом.

ДЕВУШКА. А впереди?

ОФИЦЕР АЛГУАСИЛОВ. Те, что с потушенными свечами? Это - раскаявшиеся.

ДЕВУШКА *(разочарованно)*. Как? Значит, их уж не сожгут?

ОФИЦЕР АЛГУАСИЛОВ. О, не беспокойтесь, сеньора, сожгут. Но церковь милосердна к раскаявшимся: их сперва повесят, потом сожгут. Так что, красавица, если и вы согрешите, а потом покаетесь... Нет, правда, знаете что: как только это кончится... *(Обнимает девушку за талию и шепчет ей на ухо.)*

ТОРГОВКА *(на табурете)*. Чучела, чучела-то, глядите! Расплясались, как висельники! А, а! Ногами-то! Прямо - сарабанда!

ТОЛПА. Что, не терпится самой поплясать с ними? - На, вот у меня кастаньеты... - Поднимай ее на шест, поднимай!

Торговку поднимают вверх, она кричит и отбивается. В это время на эстраде инквизиторов МУНЕБРАГА встает со своего кресла; в руках у него лист бумаги.

АЛГУАСИЛЫ. Тише! - Эй, вы, заткните глотки! - Тише!

МУНЕБРАГА *(читает торжественно среди внезапно наступившей тишины.)* Властью апостольскою и нашей, согласно постановлению святого трибунала, мы объявляем: все доставленные сюда под стражей - передаются в руки светской власти, чтобы с ними поступлено было согласно закону. Именем Бога всемогущего и Господа Иисуса Христа, мы молим и заклинаем отнестись к осужденным великодушно, кротко и милосердно...

ГОЛОС В ТОЛПЕ. Слыхали! Знаем мы ваше христианское милосердие!

ИДАЛЬГО, похожий на Дон-Кихота, как коршун кидается в толпу и вытаскивает оттуда крестьянского парня в широкополой шляпе.

ИДАЛЬГО, ПОХОЖИЙ НА ДОН-КИХОТА. Алгуасилы, сюда! Вот этот!

Несколько алгуасилов бросаются ему на помощь. Толпа с криком раздается в стороны и трусливо жмется. Арестованному скручивают руки и уводят его.

МУНЕБРАГА *(торжественно).* Ваше Величество. Клянетесь ли вы крестом шпаги, на которую опирается ваша рука, - клянетесь ли вы поддерживать Святую Инквизицию в ее борьбе с еретиками и доносить нам о всех действиях и словах их, которые дойдут до сведения Вашего Величества?

КОРОЛЬ *(встав и целуя крест на рукояти шпаги).* Клянусь!

МУНЕБРАГА *(оборачиваясь к толпе).* Вы слышали? И

всякий истинный сын церкви и подданный нашего доброго короля должен немедленно явиться к нам и донести обо всех еретиках, которых знает. Клянетесь ли вы все?

ТОЛПА *(нестройно и жидко).* Клянемся!

ЖЕЛТЫЙ *(тихо - жене, оглядываясь на Идальго, похожего на Дон-Кихота).* Я, кажется, недостаточно громко... Боюсь, он не слышал. *(Очень громко, вытянувшись и привстав на носках.)* Клянусь!

В толпе смешки, показывают на него пальцами; он смущенно оглядывается. Монахи на квемадеро возле осужденных торопливо уговаривают их: есть еще несколько минут; воинственно машут распятиями. Слышен злой крик: "Да кайся же, говорят тебе!" Часть осужденных палачи ведут куда-то в овраг, за квемадеро.

ТОЛПА. Куда их? - В овраг: там виселица. - Пойдем туда! - Нет, тут прозеваешь: я больше люблю костры... Глядите: факелы уже! Сейчас...

К кострам подходят УГОЛЬЩИКИ с факелами наготове. Первого из осужденных на открытой части квемадеро привязывают к столбу сзади костра. Других вводят внутрь статуй апостолов и с лязгом захлопывают двери.

ПЕРВЫЙ ГРАНД *(Второму).* Смотрите, смотрите: в той ложе, где дон-Балтасар, - костры уже загораются. Вы видите его лицо? Пламя уже лижет ему ноги.

ВТОРОЙ ГРАНД. Довольно вам шутить, сеньор!

ПЕРВЫЙ ГРАНД. Я не шучу. Его лицо - вы видите его лицо?

ЖЕНЩИНА НА КВЕМАДЕРО *(перед статуей апостола крепко уперлась ногами, не идет. Вскрикивает).* Я каюсь! Я не хочу! Я каюсь. *(Ее уводят в овраг.)*

ТОЛПА *(удовлетворенно).* Ага-а!

СТАРУХА С КЛЮКОЙ *(протискиваясь в толпу).* Ой, что же

это? Ой, дорогие мои сеньоры, - пропустите!

ОФИЦЕР АЛГУАСИЛОВ. Ты что, старуха, кричишь? Чего тебе?

СТАРУХА С КЛЮКОЙ. Ой, сеньор алгуасил, красавец мой! Пропустите меня, старуху, вперед! Ведь последний раз в жизни взгляну, как будут жечь собак неверных... *(Пролезла.)* Ох, слава тебе, святая Мария, милосердная дева! Ох, в последний раз ведь...

ТОЛПА. Не бойся, бабушка, не последний: еще в пекле с ними встретишься! *(Смех.)* - Тише, тише. Еще один кается... Вон, вон: который руку поднял...

ОСУЖДЕННЫЙ НА КВЕМАДЕРО *(громко, подняв руку)*. Я каюсь! Я каюсь в том, что раньше не покинул эту церковь, где вместо Христа - палач, а вместо Бога...

МУНЕБРАГА *(указывая пальцем, кричит)*. Наденьте ему гаг! Гаг! Скорей! Чего же вы смотрите, ротозеи?

Палачи кидаются к осужденному, надевают ему на рот гаг, торопливо привязывают к столбу сзади костра.

ПЕРВЫЙ ГРАНД *(Второму)*. Ах, если бы можно было надеть гаг - сразу на всех испанцев! Подумайте, ничей слух не оскорбляли бы такие вот - неудобные - слова. Вернейший способ!

ВТОРОЙ ГРАНД *(с сердцем)*. Сеньор, неужто и на смертном одре вы будете вот так же шутить и будете...

ПЕРВЫЙ ГРАНД *(схватив Второго за руку)*. Смотрите, смотрите!

На квемадеро палачи подходят к последнему из осужденных, еще стоящему перед костром на коленях, и берут его под руки. Это - РЮИ. В ложе - БАЛТАСАР, крепко вцепившись в балюстраду руками, весь перегнулся туда, к квемадеро. ИНЕСА сидит, низко опустив голову, закрыла глаза.

РЮИ *(на квемадеро - вырвавшись от палачей и подбежав*

к краю). Вы! Рабы! Вы спокойно смотрите, как эти, смеющие называть себя христианами...

ИНЕСА *(после первого же слова Рюи - как бы проснулась: вскочила, секунду дико смотрит на квемадеро).* Рюи! Рюи!

Рюи остановился, обернулся к ложе. Раскрыл рот - что-то сказать Инесе. Но на него сзади уже накинулись и надевают ему гаг. Вскочил и что-то кричит МУНЕБРАГА. Инеса обеими руками схватила за плечо Балтасара и трясет его. Смятение в ложах, в толпе. Балтасар и еще несколько человек из соседних лож схватывают Инесу и уносят ее вниз - через толпу - к башенным воротам.

(Отбиваясь). Пусти! Пустите, говорю вам! Я хочу к нему!
БАЛТАСАР *(крепко держит ее).* Инеса...
ИНЕСА *(отогнувшись назад в руках Балтасара и как будто только увидев его).* А-а, ты? Так ты обманул меня? Ты заставил меня обмануть его? Предатель! Не смей меня! - пусти! Нет! Нет! *(Вытаскивает из корсажа кинжал и ударяет Балтасара.)*
БАЛТАСАР. Благодарю... *(Медленно оседает на землю.)*

На квемадеро - уже курится дымок. Место происшествия заслоняет густая толпа; возбужденный гул голосов; вытягиваются на цыпочках, стараются заглянуть через плечи стоящих впереди. ЖЕЛТЫЙ и РУМЯНЫЙ с женами - в стороне от других, направо.

ЖЕЛТЫЙ. Оттуда, с оврага, ветер: чувствуете? Еще насморк, пожалуй, схватишь. Идем домой. *(Уходят.)*

Занавес

Also available from JiaHu Books:

Chekhov – Short Stories to 1880
English - 9781784351373
Russian - 9781784351212
Dual - 9781784351380
Chekhov – Short Stories of 1881
English - 9781784351489
Лучшие русские рассказы — 9781784351229
Дядя Ваня — А. П. Чехов — 9781784350000
Три сестры — А. П. Чехов — 9781784350017
Вишнёвый сад — А. П. Чехов - 9781909669819
Чайка — А. П. Чехов — 9781909669642
Дуэль — А. П. Чехов — 9781784350024
Ивановъ — А. П. Чехов — 9781784350093
Шутки - А. П. Чехов — 9781784350109
Остров Сахалин - А. П. Чехов — 9781784351120
Русланъ и Людмила — А. С. Пушкин - 9781909669000
Евгеній Онѣгинъ — А. С. Пушкин — 9781909669017
Пиковая дама, Медный всадник, Цыганы — А. С. Пушкин — 9781784350116
Капитанская дочка — А. С. Пушкин — 9781784350260
Борис Годунов — А. С. Пушкин — 9781784350291
Стихотворения: 1813-1820 — А. С. Пушкин — 9781784350864
Анна Каренина — Л. Н. Толстой — 9781909669154
Детство — Л. Н. Толстой — 9781784350949
Отрочество — Л. Н. Толстой — 9781784350956
Юность — Л. Н. Толстой — 9781784350963
Смерть Ивана Ильича — Л. Н. Толстой — 9781784350970
Крейцерова соната — Л. Н. Толстой — 9781784350987
Так что же нам делать? — Л. Н. Толстой — 9781784350994

Хаджи-Мурат — Л. Н. Толстой — 9781784351007

Царство божие внутри вас... — Л. Н. Толстой — 9781784351113

Записки из подполья — Ф. Достоевский — 9781784350472

Бедные люди — Ф. Достоевский — 9781784350895

Повести и рассказы — Ф. Достоевский — 9781784350901

Двойник — Ф. Достоевский — 9781784350932

Вечера на хуторе близ Диканьки - Николай Гоголь - 9781784351755

Рудин — И. С. Тургенев — 9781784350222

Записки охотника - И. С. Тургенев — 9781784350390

Нахлебник - И. С. Тургенев — 9781784350246

Отцы и дети — И. С. Тургенев - 978178435123

Ася — И. С. Тургенев — 9781784350079

Первая любовь — И. С. Тургенев — 9781784350086

Вешние воды — И. С. Тургенев — 9781784350253

Накануне — И. С. Тургенев — 9781784350512

Мать — Максим Горький — 9781909669628

Человек-амфибия — А. Беляев - 9781784350369

Рассказ о семи повешенных и другие повести — Л. Н. Андреев — 9781909669659

Жизнь Василия Фивейского — Л. Н. Андреев — 9781784351182

Соборяне — Н. С. Лесков - 9781784351939

Леди Макбет Мценского уезда и Запечатленный ангел - Н. С. Лесков - 9781909669666

Очарованный странник — Н. С. Лесков — 9781909669727

Некуда — Н. С. Лесков -9781909669673

Мы - Евгений Замятин- 9781909669758

Уездное, На куличках, Островитяне – Е. Замятин — 9781784352043

Мамай, Пещера, Большим детям сказки, Рассказ о самом главном – Е. Замятин — 9781784352073

Санин — М. П. Арцыбашев — 9781909669949

Двенадцать стульев — Ильф и Петров - 9781784350239

Золотой теленок — Ильф и Петров - 9781784350468

Мастер и Маргарита — М.А. Булгаков - 9781909669895

Собачье сердце — М.А. Булгаков — 9781909669536

Записки юного врача — М.А. Булгаков — 9781909669680

Роковые яйца — М.А. Булгаков — 9781909669840

Горе от ума — А. С. Грибоедов - 9781784350376

Рассказы для детей - Д. Хармс - 9781784350529

Евгений Онегин (Либретто) — 9781909669741

Пиковая Дама (Либретто) — 9781909669918

Борис Годунов (Либретто) — 9781909669376

Руслан и Людмила (Либретто) — 9781784350666

Жизнь за царя (Либретто) — 9781784351250

Как закалялась сталь - Николай Островский - 9781784351946

Левша — Николай Лесков — 9781784351953

Тяжелие сны — Федор Сологуб — 9781784351977

Творимая легенда — Федор Сологуб — 9781784351991; 9781784352004; 9781784352011

Победа смерти — Федор Сологуб — 9781784352028

Рассказы — Федор Сологуб - 9781784352035

www.ingramcontent.com/pod-product-compliance
Lightning Source LLC
Chambersburg PA
CBHW031428040426
42444CB00006B/740